地球が危ない！
知らないでは済まない陰謀論

―新型コロナウイルスにも裏があります

栗原幸男

22世紀アート

はじめに

　本書を手に取っていただき、ありがとうございます。おそらく、本書は皆さんと相性が良いと思います。

　私は、東日本大震災と福島原子力発電所事故をきっかけに、世の中が怪しいと思うようになり、世の中の裏側を調べてきました。そして、無性に本を書きたくなりまして、前著作の「地球の危機！世界を支配する陰謀の正体」を出させていただきました。

　その後も、世の中の裏側の調査を続けていくと、以前は不明だったことが、分かってきました。そして、今回、本書「地球が危ない！知らないでは済まない陰謀論－新型コロナウイルスにも裏があります」を出させていただきます。

　地球と地球人を取り巻く状況が切迫していますが、皆さんの理解と協力を得られれば、良い方向に変えることができます。馴染みのない話ばかり出てまいりますが、気軽にお読みいただいて、概略をつかんでいただければ、必ず皆さんのお役に立つと思います。

目次

第1部　知らないでは済まない陰謀論本編

第1章　地球は変な惑星です

地球は不明なことが多い
・地球の歴史がほとんど不明です。少し昔のことでも詳細が不明です。
・地球の社会構造がほとんど不明です。
・地球全体を見て指揮をしている人がいるはずですが、全く不明です。

地球は不幸なことが多い
・地球には自然災害が多い。
・地球には異常気象が多い。
・地球社会には戦争が多い。
・地球社会には凶悪事件が多い。
・地球社会には詐欺が多い。
・地球には疫病が多く発生する。
・体調を崩して病院に行っても治らない。
・地球社会の税金が高い。
・地球社会の物価が高い。
・一般の地球人は金持ちになれない。

地球は不思議なことが多い
・月が異常に大きい。
・月が裏面を見せない。
・地球上のあちこちに巨石遺跡がある。
・日本の皇室の歴史が異常に長い。
・地球社会がある方向に効率よく進んでいる。

・欧米諸国から新しい技術が発見される。

・欧米諸国から新しい制度が生まれる。

・欧米諸国の経営者の実力が凄い。

・地球人の組織がパソコンにコントロールされている。

・一般の地球人は政府を信用していない。

・現在使用しているものをすぐに捨てて、新しいものに変える。

・テレビのコマーシャルが、製薬会社ばかりである。

・テレビの番組がお笑いばかりである。

第2章　古代から続く宇宙人支配

古代から宇宙人は存在した

　現在の私たち地球人には隠されていますが、この広くて歴史のある宇宙には、太古の昔より多くの種類の宇宙人たちが存在しているようです。そして、著しい進化を遂げて、能力、精神性、技術、社会制度、文化を発展させてきました。

　このように考えるほうが、宇宙には地球人しか住んでいないと考えるより、遥かに合理的であると思います。何故か、この世の中は、私たち地球人に大きな物を隠しています。

宇宙人たちが地球に入植した

　参考図書の高山氏の本が紹介しているように、古代には多くの宇宙人の種族が地球を訪れて植民地としました。そして、類人猿や原人に遺伝子操作を施して、地球人奴隷を作ったようです。

　高山氏が紹介している爬虫類型宇宙人と人間型宇宙人です。

＜爬虫類型宇宙人＞
・アルファードレイコ人：ムー大陸に入植。地球を支配する皇族。
・レプティリアン：月に入植。軍人。男性のみ。マルデック人に接近。
・ニブル人：アフリカに入植。黒人を作った。
・金星人（ドラコニアン）：金星からムー大陸、地下空洞に入植。ブルーブラッド人の親*。
・ポラリス人：グレイ型。ムー大陸に入植。
・リゲル人：中国人、日本人を作った。

・シリウスＡ人：武器商人。ムー大陸に入植。

・エプシロン人：グレイ型。ムー大陸とアトランティス大陸に入植。

＜人間型宇宙人＞

・火星人：火星に住む。

・マルデック人（ノルディック）：太陽系で無くなった惑星の出身。ゴビ砂漠、インド、メソポタミアに入植。ブルー・ブラッド人の親*。

・アトラン人：白人。気が短い。アトランティス大陸に入植。ヘブライ人、ケルト人を作った。

・アルクトゥルス人：ローマ人を作った。

・アンタレス人：アトランティス大陸に入植。ホモ社会。ギリシア人を作った。

・プロキオン人：中南米インディオを作った。

・アルデバラン人：金髪青目。アトランティス大陸に入植。ゲルマン人、バイキングを作った。

・タウ人：スラブ人を作った。

・ヘイデス人：アトランティス大陸に入植。

・アンドロメダ人：アトランティス大陸に入植。

*核戦争の後、金星人とマルデック人を交配して、ブルーブラッド人を作った。

　この他に昆虫型宇宙人が来ていると言われています。

ムー大陸、アジア大陸、アトランティス大陸の繁栄と戦争

　古代、地球の太平洋上に、ムー大陸（レムリア大陸）がありました。

11

そして、爬虫類型宇宙人の複数の種族が入植しました。アルファード
レイコ人をトップに、ドラコニアン（金星人）、ポラリス人、シリウ
ス A 人、エプシロン人が入植しました。

　ドラコニアンの指導の下、宇宙との繋がりは全て平等、全ての物に
魂が宿る、技術よりも精神を重視したムー（レムリア）文明を開き、
平和な国を築きました。

　また、古代のアジア大陸では、ゴビ、インド、シュメールの地域に、
太陽系で無くなった惑星の出身で、人間型宇宙人のマルデック人（ノ
ルディック）が入植しました。マルデック人には、地球の月に潜んで
いた爬虫類型宇宙人の軍人レプティリアンが、行動を共にしていまし
た。恐らく、両者は結託して、レプティリアンの遺伝子をマルデック
人に組み込んで、一体化したと思われます。戦争好きなレプティリア
ンの影響で、アジア大陸は軍事国家であったと思います。

　さらに、大西洋上にはアトランティス大陸がありました。こちらに
は人間型宇宙人を中心に入植しました。アトラン人をトップに、アン
タレス人、アルデバラン人、ヘイデス人、アンドロメダ人が人間型宇
宙人として入植しました。そして、爬虫類型宇宙人のエプシロン人も
入植しました。

　アトランティス大陸は、初めは平和主義のアトランティス文明を開
きました。ところが、途中でその文明が崩壊し、男性優位の軍事国家
に変わってしまいました。

　地球の支配体制を図1に示します。
　この3つの大陸国家の中で、ムー大陸とアジア大陸が戦争を始め、

ムー大陸とアトランティス大陸も戦争を始めました。

　戦争は次第にエスカレートし、最後には核兵器が使用されてしまいました。これにより、ムー大陸とアトランティス大陸は海に沈み、アジア大陸は砂漠化しました。今から 1 万 1 千年前のことでした。

　この核戦争が原因で、地球全体に大津波、地殻変動、地軸の傾きが発生して、大きな被害が出ました。

核戦争後の宇宙人の約束

　ムー大陸、アジア大陸、アトランティス大陸の核戦争で、地球人には大きな被害が出てしまいました。

　そこで、戦争当事者のムー大陸、アジア大陸、アトランティス大陸の宇宙人たちが集まりました。そして、深く反省した上で、もう 2 度と地球人には関わらないようにしようと、固い約束をしました。

　その約束を祈念して、ムー大陸を代表してドラコニアンの遺伝子と、アジア大陸とアトランティス大陸を代表してマルデック人の遺伝子を掛け合わせ、ハイブリッド人を作ることになりました。ロシアのコーカサス山脈の地下基地で、この遺伝子操作が行われたと言われています。

　そして誕生したハイブリッド人を、14 家族のブルーブラッド人と呼び、今後の地球の統治を任せることにしました。

　それから、戦争当事者の宇宙人達は、地球の地下深くにある空洞か、他の惑星に移転して、地球上から姿を消すことになりました。

　混血のブルーブラッド人 14 家族のうちの一家族が、ムー大陸の生き残りである日本列島に派遣され、天孫族の天皇家となります。

ドラコニアンは約束通りに、一部の 1800 人が地球の地下深くにある空洞に移転し、他の者は地球以外の惑星に移転しました。ムー大陸の共同入植者であるアルファードレイコ人、ポラリス人、シリウス A 人、エプシロン人も地球上を去ったと思います。

　ブルーブラッド人 14 家族のうち、残りの 13 家族の名前は、次の通りです。
　　ロスチャイルド、ロックフェラー、ケネディ、オナシス、デュポン、フリーマン、ダビデ、李、バンデー、アスター、コリンズ、ラッセル、ファンダイン
　これは現在使われている名前で、この 13 家族は時代と共に何回も名前を変更していきます。彼らは、アジア大陸の帝国の一部であったメソポタミアに派遣されました。

　マルデック人は約束通り、月や金星の基地に移転しました。アトラン人も約束通り、地球の地下深くにある空洞へ移転しました。その他のアトランティス大陸の共同入植者であるアンタレス人、アルデバラン人、ヘイデス人、アンドロメダ人、エプシロン人も地球上から姿を消したと思います。

ブルーブラッド 13 家族の暗躍＿古代
　天皇家以外のブルーブラッド 13 家族は、核戦争前のアジア帝国の領土であったメソポタミアを地球支配の拠点にしました。

　恐らく、13 家族は、マルデック人や軍人レプティリアンに教わって

いた悪魔教の儀式を行ない、異次元から極悪のレプティリアンを地球に召喚してしまいました。この召喚されたレプティリアンは魂だけで、体が無いと言われています。

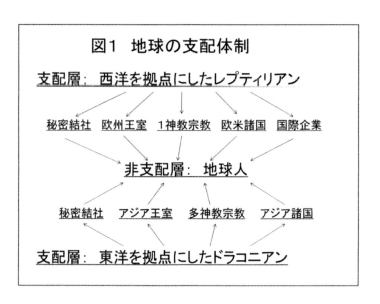

また、ブルーブラッド人はマルデック人の遺伝子が半分、ドラコニアンの遺伝子が半分入っています。ところが、マルデック人の遺伝子にはレプティリアンの遺伝子が隠されているようです。

そのため、召喚された魂だけのレプティリアンは、ブルーブラッド人の体に取り憑き、ブルーブラッド人をコントロールできたようです。

今や、悪魔教に走っても、邪魔をする正義感のある宇宙人は地球上にいません。狡猾なレプティリアンは最初からこの作戦を狙って、混血のブルーブラッド人の作製と、宇宙人の地球からの撤退を、他の宇宙人に提案したのでしょう。

召喚されたレプティリアンは、13家族に宇宙レベルの高度な知識と技術を教えました。そして、ブルーブラッド人は国の王や、太陽を崇める神殿の神官になって、地球人を奴隷に都を建設し、シュメール帝国を建国しました。

　国の政策を決めたり、実行するためにイルミナティ等の秘密結社を作りました。秘密結社のメンバーは、レプティリアンが取り憑いたブルーブラッド人、王、神官と思われます。

　シュメール帝国は、奴隷の地球人を使って、主に陸上の軍隊を作り、すぐにエジプトからインダスまでに領土を広げました。特に、エジプトにはアトランティス大陸の知識と秘儀が残されていて、収穫が大きかったと言われています。彼らはアーリア人とも呼ばれます。

　シュメール帝国は占領した土地で、その地域を治める支部を作り、農業、鉱業、塩作り、貨幣作り、税の取り立てを行ないました。

　さらに、シュメール軍は圧倒的な強さで、地中海、ヨーロッパ、中央アジア、インド、中国等のユーラシア大陸に領土を拡大していきました。占領した土地で先住民のシャーマンを見つけては、ムー大陸やアトランティス大陸の知識と秘儀を聞き出した上で、シャーマンを殺害しました。

　何らかの原因でシュメール帝国を継続できなくなったため、13家族は一旦帝国を畳みました。そして、ほとぼりが冷めると、また、新しいバビロニア王国を建国します。しかし、国の中身は全く同じで、13家族に取り憑いたレプティリアンによる支配が継続していきました。

　この時代は、ペルシア帝国、アレクサンドル大王、ギリシア、中国の秦が強国で、ブルーブラッド人に支配されていると思われます。非常に強力な指導者にはレプティリアンが取り憑いています。

ブルーブラッド 13 家族の暗躍＿中世

　ブルーブラッド 13 家族は、地球支配の中心地を、メソポタミアからローマへ移しました。13 家族の帝国は、ローマ帝国、東ローマ帝国、フランク王国、神聖ローマ帝国と名前を変えたと思われます。しかし、メソポタミア時代と同じ体制で、国の中身はレプティリアンが取り憑いた 13 家族による支配が続いていきます。

　この頃、13 家族の一部はハプスブルク家と名乗りました。

　レプティリアンは、精神性よりも技術を重視して、社会を作ります。そして、工業、商業、金融、科学を普及させました。

　この時代は、支配者は宗教政策に力を入れますが、地球人を精神的に助けるのではなく、地球人を技術的に洗脳し、ますます使える奴隷にすることが目的です。

　支配者は、ユダヤ教、キリスト教、イスラム教を創作して、布教しました。とくに、キリスト教を担当するローマ教会を作りました。ローマ教会の地下にはイルミナティの秘密基地があると言われています。

　そして、ローマ帝国とローマ教会の作戦で、エジプトのアレクサンドリアの図書館を攻撃し、ムー時代・アトランティス時代の文献を奪うか、焼却しました。

また、ローマ帝国とローマ教会は、キリスト教のカタリ派の人々を虐殺しました。参考図書のアイク氏の本によると、その理由は、地球が宇宙人に支配されているとするグノーシス主義を信じていたからです。

　さらに、イルミナティやイエズス会等の秘密結社、ローマ帝国、ローマ教会は、一般の地球人女性を魔女狩りと称して、大量虐殺しました。これも、アイク氏によると、地球人女性が持つある遺伝子を亡くすためということです。レプティリアンは遺伝子に拘ります。

　この時代の強国である、ササン朝ペルシア、トルコ帝国、中国の唐、宋、明はレプティリアンが支配していると思います。一方、中国の元はドラコニアンが地下から支援しているように見えます。

ブルーブラッド13家族の暗躍__近世

　レプティリアンが取り憑いたノルマン公ウィリアムが、ヨーロッパ大陸からブリテン島に上陸して、イングランド王国を支配しました。ブルーブラッド13家族は、地球支配の中心地を、今度はローマからロンドンに移しました。

　地球社会をさらに高度に支配するため、金融、中央銀行、教育、科学、医療、法律を普及させました。

　この時代は、地球人を使って海上の軍隊を作り、世界各地へ派遣しました。

　進歩した軍艦と兵器で、アフリカ大陸、アジア大陸、オーストラリア、北アメリカ大陸、南アメリカ大陸まで侵攻し、地球上のほぼ全域に領土を広げました。

　先住民のシャーマンには知識を聞いてから殺害しました。南北アメリカ大陸では、先住民の大量虐殺と、財宝の略奪を、とくに厳しく実施しました。

　新しい占領地では、主にキリスト教を布教していきました。また、キリスト教については、プロテスタントを創作して分割しました。被支配者を分割して競わせ、両方を統治する手法です。

　この時代の秘密結社として、シオン修道会、フェビアン協会、テンプル騎士団、マルタ騎士団等、多様な組織があります。また、秘密結社から受けた命令は、表社会の法律や業務に優先するそうです。

　この時代の強国について、オスマン朝トルコ、フランス革命、アメリカ建国、ドイツ、イタリア、ロシア革命はレプティリアンが主導しているようです。一方、中国の清は地下にいるドラコニアンが支援しているように見えます。

　レプティリアン系秘密結社の世界戦略として、昔から第１次世界大戦、第２次世界大戦が計画されていたようです。これが実施に移されます。
　ポルトガルのファティマでは、聖母が現れて世界大戦等の予言を行ないましたが、良心的な宇宙人の仕業と思われます。

日本天皇家の攻防＿古代

　ブルーブラッド人である天孫族の天皇家は、自分の秘密結社と神道の神社を伴い、日本列島に降臨しました。宇宙人の UFO で降りたかもしれません。なお、天孫族天皇家については、中国大陸を統一した秦が日本に侵入したものである、という説もあります。

　ところが、核戦争を生き残ったムー大陸時代の王族が、先に日本列島に来ていました。両者は話し合いをしても結論が出ず、争いになったでしょう。ムー大陸王の遺伝子はドラコニアン系、天孫族天皇の遺伝子はドラコニアンとレプティリアンの混血です。争いを仲裁できる宇宙人はいません。しばらくすると、天孫族天皇は西日本を支配し、ムー大陸王は東日本を支配したかも知れません。

　天孫族天皇が何代か経過すると、レプティリアンの遺伝子を持つ天皇にレプティリアンが取り憑いて、恐怖政治に走ってしまいました。そこで、秘密結社が地下のドラコニアンに連絡を取り、秘密裏に天孫族天皇をドラコニアン系天皇に替えました。もちろん、表向きは天皇家が直系で繋がっているように見せます。

　ドラコニアン系になった天皇家は、奈良県に藤原京を作りました。

　中国大陸では、レプティリアンが支配する唐が、強大な帝国になりました。そして、ドラコニアンに支配された日本列島を征服するため、自分の秘密結社と道教の寺院を伴い、日本列島に侵入しました。唐の進駐軍は戦争に勝って、藤原京の天皇家を追い出しました。そして、奈良に平城京を作り、レプティリアン流の国作りを行ないました。

　一方の破れた天皇家は、神奈川県で見つかった横浜京（仮称）に逃げて、唐の進駐軍に対抗したと思います。

　唐の進駐軍と日本の天皇家は長く対立しました。唐進駐軍の司令官にはレプティリアンが取り憑いていて、日本の天皇には地下のドラコニアンから助言があったと思います。ドラコニアンとレプティリアンの意地がぶつかります。

日本天皇家の攻防＿中世

　唐の進駐軍と日本の天皇家との対立は長く続きましたが、突然、和解に向かいました。地上のレプティリアンと地下のドラコニアンの間で話し合いがあったのかもしれません。

　日本の天皇家は京都府に平安京を作って、横浜京を撤退することになりました。一方、唐の進駐軍は鎌倉に幕府を作って、平城京を撤退することになりました。そして日本全国に、平安京と幕府による二重行政を行うことになりました。

　さらに、唐進駐軍が幕府を京都に移すと、平安京の南朝に対して、幕府は北朝を擁立して、両者の対立はまた激しくなりました。

　この頃、ヨーロッパからレプティリアン系のイエズス会が日本列島に派遣され、日本を征服しようとして工作活動を行ないました。このときは日本の天皇と幕府が連携して、何とか防ぎました。

　唐進駐軍は、幕府を江戸に移して、外国との交易を制限しました。ヨーロッパの支配者は、日本のレプティリアン系幕府はドラコニアン

系天皇に丸め込まれていると判断しました。

　しばらくして、欧米のレプティリアン諸国から軍艦が日本に派遣され、開国を要求しました。やはり、幕府と天皇が連携して、拒否しました。

　そして、レプティリアンの中でも最強のイギリスの秘密結社が、西日本に侵入して工作活動を行ない、遂に開国を実現しました。イギリス秘密結社は、幕府と皇室を倒して、傀儡政府を作ろうと工作を続けました。日本側の幕府と皇室、地下のドラコニアンも全力で抵抗します。

日本天皇家の攻防＿近世

　イギリス秘密結社対日本の幕府と皇室の工作合戦は、エスカレートしていきました。

　あるとき、恐らく山口県東部の地下の秘密基地で、イギリスのレプティリアンと日本の地下のドラコニアンが交渉したのではないかと思います。そして、両者が、次のようにすることで合意したと思われます。

・日本の皇室は維持するが、東京に遷都する。

・幕府は廃止するが、東京に新しい政府を作る。

・東京皇統の天皇に遺伝子操作を施し、レプティリアンの遺伝子を組み込む。

・新政府の指導者にも遺伝子操作を施し、レプティリアンの遺伝子を組み込む。

　まもなく山口県東部で、明治天皇と伊藤博文氏が誕生しました。彼

らは日本のエリートです。もちろん、レプティリアンの遺伝子を持つ
東京皇統と新政府に、レプティリアンが取り憑いて、傀儡にされる可
能性は高いです。

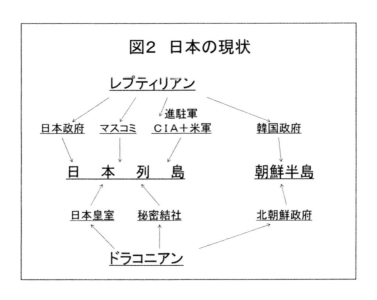

東京の新しい皇室と政府は、レプティリアンの国々と親しくして、
いろいろな制度や技術、文化を取り入れました。ところが、おそらく
地下のドラコニアンの支えのおかげで、国の根幹と日本人の魂を、レ
プティリアンの自由にさせることはありませんでした。

東京皇統は、大正天皇まではドラコニアンとレプティリアンの混血
の血統でしたが、昭和天皇からはドラコニアンの血統に変わったと言
われています。ドラコニアンは正義感があり戦闘的です。

欧米レプティリアンの秘密結社の長期的な戦略で、第1次世界大戦

と第2次世界大戦が開始されました。欧米諸国からの挑発を受けて、本来は冷静な昭和天皇が、朝鮮半島、満州、中国沿岸部、台湾、フィリピン、マレーシア、インドネシアに軍隊を送ってしまいました。

やはり、何かがおかしいです。レプティリアン秘密結社の工作員が、政府と軍に入り込んで仕組んだとしても、地下のドラコニアンが止めるはずです。一つ考えられるのは、地下深くにある空洞にはドラコニアンが複数居ますが、その中に好戦的なドラコニアンが一人いて、当時の昭和天皇を支えていたのではないか。

第2次世界大戦の最後は、日本列島の都市へ焼夷弾と原子爆弾の攻撃があり、甚大な被害が出て、日本は英米に降伏しました。

第2次世界大戦後は、レプティリアンのアメリカがCIAと軍隊を送って、ついにドラコニアンの本丸日本に進駐しました。アメリカ進駐軍は、イギリスの失敗を繰り返さないように、日本に強力な傀儡政府と傀儡マスコミを作り、日本人を洗脳しました。

そして、日本の国の制度、財産、魂に手を出しました。

現在の日本の状況を図2に示します。

第3章　地球の支配者の悪政振り

地球植民地の経営方針

　極悪宇宙人のレプティリアンに操縦されているブルーブラッド 13 家族は、大勢の地球人を奴隷にして、地球植民地を経営しています。

　目標は、地球人奴隷を最大限搾取して、自分たち支配者の利益を飽きることなく最大限追求することです。搾取の手段は、高度に進化したレプティリアンが持っている様々な技術です。

　地球植民地の支配層のメンバーは、次のように予想されます。
・レプティリアンが取り憑いたブルーブラッド人
・協力している体のある宇宙人

　陰謀論では良くユダヤ人が地球を支配していると言われますが、ユダヤ人の背後に隠れているブルーブラッド人が本当の支配者で、ユダヤ人は搾取されている側と思われます。

宇宙からの洗脳

　アイク氏によると、レプティリアンは地球人を洗脳してコントロールするため、太陽系の土星の輪を利用して、低周波のデジタル放送を発信し、地球の月でデータを増幅して、地球上へ送信しているようです。
　我々地球人は、毎日そのデータを浴び続けて、視覚、聴覚、触覚、嗅覚と味覚を感じるようです。そして、次々に災害や不幸が起きてい

るように認識されるようです。技術に長けたレプティリアンは、こんなにも大規模な洗脳システムを持っているのです。

　現在、地球にいるレプティリアンは、異次元から呼び寄せた魂だけの存在です。彼らに宇宙での大規模な設備の設営ができるのでしょうか。レプティリアンの魂が、人工知能を搭載した宇宙船を土星に飛ばして、放送設備の設営と運用を行ったかもしれません。

　あるいは、地球上の秘密基地に体のあるレプティリアンが潜んでして、UFO に乗って、土星に行っているのかもしれません。

奴隷管理制度

　地球の支配者は、地球人奴隷を厳しく管理するために、一人ひとりに識別番号を付けて、カードを発行しました。そして、奴隷としての必要な情報と識別番号を紐付けて、データベースを作成しました。

　恐らくアメリカの IT 企業が作った大規模なデータが、支配者に参照されていると思います。秘密結社からの命令は、IT 業界のルールに優先します。

　支配者が奴隷データベースを見て、何を考えるのでしょうか。今後、奴隷人口を大幅に減らす計画があるので、残す奴隷と排除する奴隷を決めているかもしれません。

食糧と儀式での生贄

　昔から宇宙人たちは、地球人を奴隷だけでなく、家畜としても利用しています。

　現代でも、地球上のあちこちで、血を吸い取られた地球人や牛が発見されます。これは、体のある宇宙人が地球に来ていて、食事をした

証拠です。

　また、若い地球人が急に行方不明になる事件も、数多く発生します。これも、体のある宇宙人が誘拐し、血を吸い、湖や海に沈めたものと思われます。

　また、魂だけのレプティリアンが取り憑いたブルーブラッド人は、悪魔教の儀式で地球人の血を飲むことにより、人間〜宇宙人の変身能力を獲得すると言われています。儀式の生贄は、地球人の赤ん坊や子供が多いようです。

　アイク氏によると、アメリカのカルフォルニア州で、地球の支配者が勢揃いする大きな儀式が開かれるようです。その儀式を主導しているのは、レプティリアンが理想とする遺伝子を持っている、イギリス王室とのことです。

地球人の削減政策

　地球の支配者は、奴隷の地球人が増え過ぎると反乱の恐れがあるという理由で、様々な方法を使って、人口削減に取り組んでいます。

・支配者は、地球上に高温、低温、強風、大雨、雷等の異常気象を発生させることができます。

・支配者は、地球上に火事、地震、洪水、津波、火山等の自然災害を起こすことができます。

・支配者は、飲料水、食物、医薬品に毒を入れることができます。

・支配者は、感染力の高いウイルスを作って、ばら撒くことができます。

・支配者は原子力発電所に事故を起こして、放射線をばら撒くことが

できます。

　レプティリアン宇宙人の軍事技術を用いて、宇宙空間から地球上に
電磁波を当てると、様々な攻撃ができるようです。
　支配者は地球上のほとんどの企業を経営しているので、世界中の製
造工場で毒を入れることができます。また、世界中の発電所保守会社
が事故を起こすことができます。

金融の搾取

　レプティリアン社会では、様々なものに高い税金をかけます。各国
では、数え切れないくらい税金の種類があります。
　また、ショッピングセンターで販売されている生活必需品の価格も、
高いです。電気料金、水道料金、電話料金も高いです。
　さらに、地球人に事あるごとに借金をさせて、高い利息を取ります。
本来、利息はなくて良いはずです。

　このように世界各地からの高い支払いが、やがて地球上の一箇所に
集まって、地球支配層の巨額収入になります。

　なお、日本の高齢者を電話で騙して、現金やキャッシュカードを奪
っているのは、支配者の手先です。支配者は、ムー大陸時代の資産が
日本に眠っていると疑っていますので、注意が必要です。

　支配者は、現金をデジタル通貨に変更して、さらに巨額の詐欺がで
きるように計画しています。

国際化政策

　昔から地球の支配者は、最終的に地球人の人口を少なくして、地球を一つの世界政府で支配する計画を立てています。

　これを実現するため、様々な分野で国際化、単一化が推進されています。支配者は、地球人社会の多様性を嫌います。本当は、多様性がない社会は不安定になります。何か一つ問題が発生すると、地球全体が影響を受けるからです。

　工業製品の国際規格を始めとして、様々な分野の国際規格が出来ました。あらゆる分野に国際規格を押し付けることは、大変無理があります。

　国際的な企業は、合併を繰り返して、大きくなろうとします。こちらも組織が大きくなり過ぎると、問題が出てきます。

　世界の国々も、ヨーロッパ連合、北米連合、アジア・太平洋連合を作って、まとまり始めています。ヨーロッパでは共通の通貨も作りました。

教育による洗脳

　アイク氏によると、支配層が定めた学校教育を地球人に施すと、左脳だけが機能して、右脳が機能しない人間を育てるようです。これにより、思考の視野が狭くなり、良い奴隷になります。これが偏差値の尺度でもあるようです。

　やはり、レプティリアンの洗脳技術のレベルは凄いです。宗教団体

が洗脳の場であることは分かりやすいのですが、ほとんどの地球人が通う学校がこのような洗脳の場であったとは。

第2次世界大戦後の日本人の魂が骨抜きになったのは、この学校教育が原因かもしれません。

宗教による洗脳

宗教を使った地球人への洗脳は、古代からずっと続いています。しかし、現代では宗教に疑問を抱いて、信者にならない地球人がかなりいます。

現代では、支配者はモルモン教、エホバの証人の布教に力を入れています。

戦争での大虐殺

地球の支配層は、常に地球人の虐殺を望んでいます。その一つの方法が、秘密結社の工作活動により、地球上に戦争を作り出すことです。

・ソビエト連邦の共産主義国を作り、大勢の国民を粛清した。欧米諸国と冷戦の緊張を作った。
・パレスチナにユダヤ人が武力侵入し、イスラエルを建国した。パレスチナ人に大きな被害が出た。
・中国で共産主義国を作り、大勢の国民を粛清した。
・カンボジアでも共産主義国を作り、多数の国民を粛清した。
・アメリカが、ベトナムの内戦に参戦し、大きな被害が出た。
・アメリカとイギリスがイラクに侵入して、大きな被害が出た。博物館の収蔵品を奪い、石油の利権も奪った。

・アメリカがアフガニスタンに侵入して、大きな被害が出た。

歴史の秘匿

　地球の支配者は、本当の歴史を改ざんして、地球人を洗脳するための嘘の歴史を説明しています。支配者の存在と、地球が植民地であることを隠しています。

　一番重要な部分を隠しているため、取り繕っても、説明のつかないことが出てきます。

　体制側の説明と異なる歴史資料が発見されると、支配者と繋がった学術界が偽書扱いします。また、異説を唱える学者が現れると、学術界から攻撃されます。

事故による虐殺

　地球の支配層による地球人奴隷の虐殺方法の一つに、事故やテロを起こすことがあります。これは、日常的に行われています。

　まず、魂だけで体のないレプティリアンが、上空から犯人に仕立てる地球人を見つけ、その地球人に取り憑きます。この場合は、地球人にレプティリアンの遺伝子が無くても、取り憑きます。取り憑いたレプティリアンは地球人に「○○の人たちは、○○の理由で殺すべきである。」と囁きます。

　そして取り憑かれた地球人が洗脳されると、刃物、銃、ガソリン等の凶器を用意して、やがて殺害を実行します。

　別の例では、レプティリアンが狙った地球人に取り憑いて、高い所から飛び降りたり、車にぶつかったりして、自殺させます。

また、レプティリアンが取り憑いている地球人を病院で診察すると、精神疾患と診断されます。

法律による搾取

地球の支配者は、地球人に対して数え切れないほど膨大な法律を作りました。これは、レプティリアン文化が持つ、高度な文書作成技術です。そして、地球人奴隷に法律を適用し、生活の隅々まで縛り付けました。

そして、弁護士費用と裁判費用を非常に高く設定し、地球人奴隷が保護を求め、裁判を利用できないようにしました。支配層に繋がりのある企業や個人等の金持ちが利用するだけです。

さらに、支配層の戦略で、レプティリアン系秘密結社のメンバーを裁判官にしておき、支配者に都合の良い判決を出させます。秘密結社からの命令は、地球人社会の業務に優先します。

これは、レプティリアン社会の法曹利権です。

もちろん、ブルーブラッド人等の支配層は法律の適用外です。日本の皇室も適用外です。

労働の搾取

地球の支配層は、地球人の労働に対して、僅かな賃金しか払いません。支配層の巨額の利益と比べたら、詐欺です。

支配層は、さらに労働効率を上げようとして、製造の機械化、事務

の電算化を行ないました。そこで余った労働者は、病院、サービス業、建設現場等の過酷な労働に回っています。

病院での大虐殺

　レプティリアンは、地球人を虐殺したくて仕方ないのですが、これを実現する方法の一つが、医療詐欺です。

　偽物の西洋医学を発明して、医学校と病院を作ります。一方で、悪意のある医薬品を発明して、製薬会社で製造します。西洋医学は対症療法なので、根本的な治療はできません。また、医薬品は副作用が強すぎて毒となります。

　このような医療業界の詐欺の仕組みで、一度具合が悪くて病院に行った地球人は、値段の高い医薬品を取り過ぎて、体調がますます悪くなり、早死します。

　結果的に、製薬会社と病院が儲かり、患者は不幸になるだけです。これは、典型的なレプティリアン社会です。地球人を犠牲にして、支配者だけが得をする、医療利権です。

　一方、支配者が隠している、自然療法や東洋医学を利用すれば、薬も要らずに根本的な治療ができます。

エネルギーの詐欺

　地球の支配者は、エネルギー分野でも詐欺を働いています。

　地球上のどこでも、エネルギーを安価に取り出せるフリーエネルギーという技術がありますが、支配者は地球人に隠しています。フリー

エネルギー技術に取り組んだ技術者は、アメリカのテスラのように弾圧されます。

支配者は、水力発電所を発明し、山の谷を堰き止めて巨大なダムを造ります。また、火力発電所を発明し、化石資源を燃やし続けます。さらに、原子力発電所を発明し、地震の多い場所で危険な核燃料を燃やし続けます。

巨大発電所の建設と運転で、地球人にとっては住環境が悪くなります。建設費と運転費をあわせて、電気料金も高くなります。

また、地球温暖化問題は、支配者が国際連合に命じた嘘の政策だそうです。ところが、これが拠り所となり、環境品質の国際規格を取得するのに費用がかかります。

結局、土建会社、電力会社、資源会社、国際規格機関が儲かり、地球人が犠牲となります。これも、レプティリアン社会のエネルギー利権です。

科学の普及

地球の支配層は、科学を権威化しています。ノーベル賞の表彰が最たるものです。

支配層には長期的に決めた目標があり、それに沿って研究資金を出し、地球人に実施させています。世界中から出る研究成果は、巡り巡って支配層が独り占めします。現代では、半導体、コンピュータ、ロボット、遺伝子工学に取り組みました。

　支配者が隠している分野に触れる地球人が現れると、非科学的と呼んで一蹴します。例えば、宇宙人、UFO、異次元、幽霊、フリーエネルギー、自然療法等です。

マスコミによる洗脳

　地球の支配者は、新聞やテレビ等のマスコミを独占して、地球人に流す情報をコントロールしています。これは支配者にとり、とくに重要な分野です。マスコミの報道内容は事実を伝えるはずはなく、支配者が地球人奴隷を意のままに洗脳するための手段です。

　この洗脳の効果で、本当は悪の支配者が良い人に見えたりします。本当は不幸な地球人が、幸せに感じたりします。

　洗脳道具なので、本来ならば、地球人に新聞とテレビを無料で配っても良いはずですが、支配者は有料にします。

　支配者はインターネットも支配しています。誰かが支配者を非難するような情報を流すと、すぐに消されるか、叩かれます。

娯楽による洗脳

　地球の支配層は、地球人奴隷の娯楽と称して、スポーツ、音楽、テレビ、映画、飲酒、喫煙、風俗、ギャンブルを用意しています。
　これも、奴隷が好きなものに熱中して、金を使わせること、健康を害すること、余計なことを考えさせないこと、が目的です。

とくにアメリカのハリウッドとラスベガスが、この役割を担ってい
ます。

第4章　支配者への対抗勢力の台頭

太陽系の動き

　古代より、太陽系には様々な宇宙人が出入りしていました。とくに、地球の利権については、爬虫類型宇宙人と人間型宇宙人の複数の種族による過剰な干渉と、利権争いが激しく行われました。それが暴走して、過去において地球を全滅させるような戦争を、何度か繰り返してしまいました。

　そこで、宇宙人同士の約束により、数千年前より、地球人に干渉しないことになっていました。ところが、極悪のレプティリアンがこの約束を破り、秘密裏に地球の利権を握ってしまいました。

　太陽系の地球表面に近いところでは、地球の地下深くにある空洞、地球の巨大な衛星である月、火星の地下の空洞に宇宙人が住んでいると言われています。当然、彼らは地球表面の地球人を観察しているはずであり、葉巻型 UFO に乗って、頻繁に地球の上空から偵察していることでしょう。彼らには、地球人社会がレプティリアンに支配されたことがバレているはずです。とくに、地球上の核兵器の基地や、原子力発電所の上空には UFO がよく飛来します。

　また、最近、太陽系の縁のカイパーベルト帯に、レプティリアンと対立しているドラコニアンの勢力が集結していると、言われています。

　なお、地球の支配者レプティリアンには、太陽から来た宇宙人が仲間になっているようです。

ドラコニアン反撃の機会

　レプティリアンとドラコニアンは、昔から宇宙のあちこちで戦いを繰り広げている宿命のライバルのようです。レプティリアンが悪魔、ドラコニアンが正義の騎士です。

　核戦争後の約束で地球の地下深くに潜っていたドラコニアン達も、レプティリアンの裏切りを見逃すはずはなく、地上に姿を現してレプティリアンと戦うのではないでしょうか。

　地球にとって大き過ぎる月は、過去に軍人レプティリアンが持ち込んだ宇宙基地とも言われています。したがって、月の内部は、大勢の宇宙人が暮らせるように出来ているようです。
　地球の支配者レプティリアンも月を利用して、土星の輪から発信している地球人への洗脳放送を、月で増幅していると言われています。また、地球で誘拐された地球人が、月の基地でレプティリアンに働かされているという話もあります。

　カイパーベルトに集結したドラコニアン勢力の先遣隊が、葉巻型UFO に乗って月にまで侵入したということです。月は、地球を攻撃するために、最適な基地です。

レプティリアンの防衛準備

　レプティリアンを中心とする地球の支配体制には、宇宙での他の宇宙人たちの動向と、自分たちが置かれた状況が良く分かっています。
　ドラコニアン側とレプティリアン側との交渉も始まっていること

でしょう。しかし、どちらも戦闘的な種族なので、交渉が成立する可能性は低いと思われます。

　地球の支配体制は、このような宇宙の情報を、奴隷の地球人に一切、隠しています。宇宙で取った写真に UFO や建物が映ると、NASA の職員が業務命令で消しているそうです。

　最近のレプティリアンは、地球人に無線通信、核ミサイル、人工知能ロボット、量子コンピュータ、大型加速器を開発させています。地球の防衛に使うつもりなのでしょうか。

　また、レプティリアンは、最近の地球上に、異常気象、地震や火山、テロを頻繁に発生させて、この世の終わりが近づいたことを演出しています。

　レプティリアンは、日本の軽井沢にも巨大な地下基地を建設したようです。日本列島の地下から出てくるドラコニアンと戦うための基地なのでしょうか。

宇宙戦争の気配

　ドラコニアンは戦闘的な種族ですから、準備が整い次第、地球の地下と月から、レプティリアンが支配する地球表面に、総攻撃を仕掛けることでしょう。レプティリアンも好戦的ですから、降伏することなく、徹底抗戦するでしょう。

　カイパーベルト帯から進軍した UFO が、地球人洗脳システムが設

置された土星を制圧するかもしれません。また、地下にレプティリアンが住むと言われている、火星を攻撃するかもしれません。

　両陣営の秘密基地や高速で飛ぶ UFO から、地球人が見たことのないような強力な兵器が使用されるでしょう。

　ドラコニアンとレプティリアン以外の宇宙種族が UFO に乗って、中立を保ちながら、戦争を監視することもあるでしょう。

　最近、流行った新型コロナウイルスは、レプティリアン社会の弱点を知っているドラコニアン勢力が開発して、生物兵器として地球上にばら撒いた可能性があります。実際に、ヨーロッパの支配層に感染者が出ています。レプティリアン系秘密結社での特殊な握手や、頻繁に飲み会を開くといった習慣により、新型コロナウイルスの感染リスクが高まります。

　この新型コロナウイルスは、ドラコニアン対レプティリアンの宇宙戦争の前哨戦なのです。

第5章　宇宙戦争中にすべきこと

宇宙戦争の展開予想

　ドラコニアン側は、日本の天皇家を守りながら、地球を支配している宇宙人と、欧米中国のブルーブラッド13家族を攻撃するでしょう。

　レプティリアン側は、支配者が地球の地下の基地に隠れながら、地球人奴隷で編成した軍隊を使って、無謀な防戦をやらせることでしょう。核ミサイルを無駄撃ちしたり、原子力発電所を爆破するかもしれません。

　そして反撃の機会を伺うでしょう。

　レプティリアンと共同で地球を支配している、太陽から来た宇宙人が姿を見せて、ドラコニアンと戦うかもしれません。

　レプティリアン側が劣勢になると、ドラコニアン側の葉巻型 UFO の編隊が地球の上空に現れるのではないでしょうか。そして、地球人に向けてメッセージを出すのです。

　レプティリアン側は、敗戦が確実になっても降伏はしないでしょう。異次元への入り口を作って、支配者だけで異次元へ逃亡するかもしれません。

　あるいは、13家族中1家族くらいは降伏するかもしれません。

宇宙戦争の被害予想

　今回の宇宙戦争の被害は、とても計り知れません。

　前回１万１千年前の宇宙戦争のときは、核兵器が使われて、地球の大陸が２個沈み、世界中に津波が押し寄せ、地軸が傾いてしまいました。そして、地球人の多くが亡くなったと思います。

　前回の反省を踏まえて、ドラコニアン側は今回の戦争に核兵器を使わないと予想されます。しかし、レプティリアン側は、地球が放射線汚染されることにお構いなしなので、核兵器を使用してくるでしょう。

　レプティリアン側は、地震、火山等を発生させて、地殻変動を起こすこともできます。

　あるいは、支配者が地球人の中に隠れて、弾除けにするかもしれません。

　終末戦争で日本列島が八つ裂きになる、と予想する方がいます。ローマやエルサレムが崩壊すると予想する方もいます。

地球の支配者への抵抗運動

　地球上で支配者よりずっと人口の多い、私たち奴隷の地球人には、宇宙戦争中に大きな役割があります。それは、支配者の言うことを聞かないことです。

　地球人一人ひとりが目を覚まして、自分が仕えている政府や組織が

じつは悪であることに、気が付いてほしいです。

　真面目な地球人ほど、地球の支配者にがっちり洗脳されています。その洗脳を解くためには、大きな労力が必要です。この本を読まれた皆さんなら、できますよ。

　そして、皆さんの洗脳が解除されたら、地球の支配者が操縦している、役所、マスコミ、会社、学校、病院、警察の言うことは聞かなくて結構です。

　警察の方には、一般市民が暴徒になっているから攻撃するように、上司から命令があっても、攻撃しないでください。

　軍隊の方には、悪い宇宙人が地球を襲撃に来ているので攻撃するように、上司から命令があっても、攻撃しないでください。

地球人の生き残り作戦

　今回の宇宙戦争で、地球と地球人にどれほどの被害が出るのかは、分かりません。

　ここでは、地球が大きく損傷して、地球人に生存の危機が襲ったことを想定してみます。
・このような緊急事態では、我々地球人に直感が働いて、正しい方向が分かるようになると思います。
・状況に合わせて地下、山の中等、少しでも安全な場所に逃げ隠れする必要があります。
・自分と仲間が生き延びるため、毎日の水、食糧、寝床等を確保する

必要があります。

・このような場合は、社会的に禁止されている、他人が保管していた物を盗むことも、人道上、許されます。

・このような場合は、社会的に禁止されている、家族の一夫一婦制が多夫多婦制になることも、許されます。

暫定地球政府の設立＿ドラコニアンが後ろ盾のとき

　ドラコニアンとレプティリアンの宇宙戦争の最中に、ドラコニアンが後ろ盾になって、ドラコニアン系の王室と宗教団体を中心とする暫定地球政府を、設立すると良いと思います。レプティリアン社会でオカルト主義と呼ばれていた陰謀論者と霊能者も、暫定地球政府に適任です。

・暫定地球政府のメンバー予想

　　　　ドラコニアン系王族（神道の秘儀）

　　　　ドラコニアン系宗教団体（神道の秘儀）

　　　　陰謀論者（広報の解説）

　　　　霊能者（洗脳の解除）

・暫定地球政府は、神道の秘儀を用いて、地球と地球人の安全を守ります。

・暫定地球政府は、一般の地球人に正しい情報を流します。

・暫定地球政府は、ドラコニアン勢力に協力しますが、レプティリアン勢力には協力しません。

・暫定地球政府は、レプティリアン系の政府や組織から逃げ出す地球人を、受け入れます。

暫定地球政府の設立＿良心的宇宙人が後ろ盾のとき

　ドラコニアンを後ろ盾に暫定地球政府を設立しますが、戦争の経過により、もしもドラコニアンが地球からいなくなる場合は、他の良心的宇宙人を後ろ盾にして暫定地球政府を設立するのが良いと思います。

　この場合は、一般の地球人の代表が中心になります。

・暫定地球政府のメンバー予想
　　　一般の地球人の代表
　　　陰謀論者（広報の解説）
　　　霊能者（洗脳の解除）

・暫定地球政府は、一般の地球人に正しい情報を流します。
・暫定地球政府は、一般の地球人が生き残れるように救済します。
・暫定地球政府は、ドラコニアン勢力に協力しますが、レプティリアン勢力には協力しません。
・暫定地球政府は、レプティリアン系の政府や組織から逃げ出す地球人を、受け入れます。

第6章　我々地球人が目指すもの

宇宙戦争の結果予想

　今回のドラコニアンとレプティリアンの宇宙戦争について、結果を予想してみます。

・可能性が一番高いのは、ドラコニアンが勝利し、レプティリアンが逃げ出すことです。

・可能性が少しあるのは、ドラコニアンとレプティリアンの勝負が付かず、地球表面を両者が分割して統治することです。

・可能性が少しあるのは、ドラコニアンとレプティリアンの戦いが膠着して、良心的宇宙人が仲裁に入り、両者が地球を去ることで合意することです。

・可能性が一番低いのは、レプティリアンが勝利し、ドラコニアンが地球から退場することです。

旧来の支配体制の終わり

　宇宙戦争の結果、数千年も続いた地球の支配体制が、終わりになる可能性が高いと思います。これまでのレプティリアン支配から、新しくドラコニアン支配に移行する可能性が高まっています。地球人と地球社会には大きな変革が必要です。

①戦闘行為が終了したら、安全な場所に非難している地球人を探して、連絡手段を確保したり、避難先から引き揚げてもらいます。

②ほとんど全ての地球人が、これまでの支配者の政策のため、強く洗

脳されています。そのため、支配者が居なくなっても、地球人の洗脳の後遺症が長く残ります。

　そこで、地球人の皆さんの洗脳を解除していきます。洗脳には個人差があり、短時間で解ける方と、解くのに時間のかかる方がいます。

③地球表面の土壌、水や空気は、これまでの支配者の政策により、洗剤、農薬、医薬品、放射性物質等を使って、酷く汚染されました。

　そこで、これらの汚れた地球環境を改善していきます。

④支配者が地球植民地の搾取運営に使用した建物、機関、組織と制度が、地球上に残されました。

　そこで、これらの社会的資源を地球人のために利用できるように、改善していきます。

新しい地球政府作り

　宇宙戦争中に設立した暫定地球政府は、戦闘行為が終わり、通常業務が可能となった段階で、新しい地球政府に移行するのが良いと思います。

　旧支配者がコントロールしていた政府、学校、警察、企業、病院、団体に所属していた地球人は、洗脳されて支配者の命令を実行しただけですので、何の罪もありません。

　罪があるのは、これまで地球を支配していた宇宙人とブルーブラッド 13 家族です。

　地球人の中には、ドラコニアンの遺伝子を持つ方、レプティリアン

の遺伝子を持つ方、両方の遺伝子を持つ方、どちらの遺伝子も持たない方がいます。

　我々地球人は多様性をもった存在ですので、皆さんと協力して、新しい地球作りをしていきたいと思います。

新しい地球政府の政策案＿ドラコニアンが後ろ盾のとき

・ドラコニアン系王政とドラコニアン系宗教を維持します。

・神道を国の宗教にします。

・新しい地球政府は、一般の地球人を幸せにします。

・マスコミは、正しいことを報道します。

・ドラコニアン系地球人、レプティリアン系地球人、その他の地球人を仲良くさせます。

・異常気象や自然災害は、あまり起こらなくなります。

・学校と宗教法人では正しいことを教えます。

・食品と飲料、日用品は安全になります。

・医療は自然波動療法を用い、大型病院と薬は要らなくなります。

・発電はフリーエネルギーを用い、大型発電所は要らなくなります。

・事故や犯罪は、あまり起こらなくなります。

新しい地球政府の政策案＿良心的宇宙人が後ろ盾のとき

・一般の地球人の中から、新しい地球政府の代表を選びます。

・新しい地球政府は、一般の地球人を幸せにします。

・マスコミは、正しいことを報道します。

・ドラコニアン系地球人、レプティリアン系地球人、その他の地球人を仲良くさせます。

・異常気象や自然災害は、ほとんど起こらなくなります。

・学校では正しいことを教えます。

・食品と飲料、日用品は安全になります。

・医療は自然波動療法を用い、大型病院と薬は要らなくなります。

・発電はフリーエネルギーを用い、大型発電所は要らなくなります。

・事故や犯罪は、ほとんど起こらなくなります。

第2部　知らないでは済まない陰謀論捕捉編

本書の狙い

　本書は、第1部の本編については、皆さんにお伝えしたい大切なことを一気に読んでいただけるように、できるだけ短くまとめました。

　この本はオカルト分野の陰謀論ですので、一般の初心の読者にはどうしても敷居が高くなります。

　そこで、本編で説明が不足している点を、この第2部の捕捉編で角度を変えて説明させていただきます。また、陰謀論は世の中の全てが対象となり、関係する様々な問題がありますので、一緒に紹介させていただきます。

　この第2部はテーマを 50 音順に並べましたので、ご自分のペースでご自由にお読みください。

新しい地球政府の政策

　暫定地球政府の次には、新しい地球政府を設立します。

　皇室と古神道が取り扱う秘儀は、レプティリアンの悪魔教と同様に、強力な武器です。新しい国が永く繁栄するように祈ります。

　新しい地球政府は、これまでレプティリアン支配が実施してきた悪の政策を、逆に行えば正解です。洗脳、詐欺、搾取、虐殺はしません。

　新しい地球政府の役割でも、一番大切なのは、国民に本当のことを分かりやすく伝えることです。

　どうしても洗脳が解けない人、洗脳の後遺症が残っている人へのフォローが大切です。

　また、これまでのレプティリアン社会で支配者側の立場にいた人たちと、支配者に搾取されていた人たちと間の、わだかまりを無くすこ

とも重要です。

　新しい地球政府の最高指導者は、国を安定させるために、かなり任期が長くて良いと思います。

　新しい地球は、天候が穏やかで、天災もあまり起こりません。事故や事件もあまり起こりません。これまでのレプティリアン支配と比べたら、非常に平和な時代になると思います。

　ただし、気を付けないといけないことは、いつの日かレプティリアンが地球に忍び込んで、再び悪さをしないようにすることです。

医療問題

　地球の支配者は、大規模な医療虐殺システムを構築しました。各国政府の予算と人員を見ても、医療は重要な政策となっています。

　医療虐殺システムの目的は、体の悪い地球人奴隷を回復させるのではなく、健康な地球人奴隷を病気にして、早期に殺すことです。

　医療虐殺の手口の一つを見てみましょう。
①健康な地球人に対して、健康診断を義務付けます。
②健康診断で、ある地球人に異常が無くても、××が悪い可能性があると診断します。
③この真面目な地球人は、××を治療するために専門病院に行きます。
④病院では、病気を治療するための薬を、地球人に与えます。
⑤この薬には副作用を起こす毒が混ぜてあり、飲むと早死します。

　別の手口を見てみます。

①健康な地球人に対して、ワクチン接種を義務付けます。

②ワクチンには水銀等の毒が入っているため、一部の地球人は体調不良になります。

③体調不良になった地球人が病院に行くと、△△と診断されます。

④△△を治療するための薬を与えられ、薬の副作用で早死します。

　また、別の手口を見てみます。

①支配者がインフルエンザウイルスをばら撒きます。

②インフルエンザにかかった地球人が、病院に行きます。

③この地球人にインフルエンザの薬が投与されます。

④この薬に幻覚を起こす成分が入っていて、おかしな行動を取ります。

⑤やがて、この地球人は転落事故等を起こします。

　支配者が推進している西洋医学は、対症療法しかできず、根本的な原因を解決できません。しかも、対症療法に使用する薬に、早死させる毒が混ぜてあるのです。

　これは、支配者が初めから計画的に地球人奴隷を虐殺するために、医療制度を作ったからなのです。

　虐殺が目的ならば、検査費、治療費と薬代は無料で良いはずですが、支配者はその都度、高い支払いを要求します。

　このような必死の状況の中で、救世主となる医療が存在します。それは、支配者が普及を妨げている自然療法、東洋医学です。

宇宙情報の隠蔽

　地球の支配者は、地球内の情報と同様に、宇宙の情報も完全に地球人に隠しています。

　例えば、次のようなことがあったようです。
・古代に爬虫類型宇宙人が、地球の近くに人工の巨大な月を持って来て、宇宙基地として利用している。
・最近、多数の地球人を異次元トンネルを通って火星へ送り、死亡させた。

　もちろん支配者は、今回の宇宙戦争のことも完全に隠しています。ただし、地球が終末を迎えたような雰囲気は、醸し出しています。

宇宙とは

　アイク氏によると、宇宙は光輝き、無限の愛、正義、叡智が蓄えられているようです。宇宙には時間がなく、全ての可能性が同時に存在するようです。

　宇宙人たちは、宇宙と繋がって非常な進化を遂げ、超能力を使うことができます。しかし、地球の支配者レプティリアンは、奴隷の地球人を弱体化して管理しやすくするため、地球人が宇宙と繋がらないように植民地を運営しています。

　そこで、地球人が現在の奴隷支配から逃げるためには、一人ひとりが宇宙と繋がるように訓練する必要があります。良く言われるのが、起きているときと寝ているときの間の状態のときに、宇宙と繋がりやすいようです。

また、宇宙には様々な次元が同時に存在し、次元の違いで私達に見えたり、見えなかったりするそうです。

　おそらく、一般の人よりも霊能者の方は、宇宙と繋がったり、異次元を見たりするのが得意なのだと思います。

エネルギー問題
　地球の支配層のエネルギー政策は、環境を破壊し、混乱もしています。

①水力発電所
　山の谷をコンクリートで堰き止めてダムを造り、水が落下する力で発電しています。自然を大規模に破壊する割には、発電量は少ないです。

②火力発電所
　石炭、石油、天然ガスを大量に燃やして、発生する蒸気で発電します。火力発電で排気される二酸化炭素が地球を温暖化すると、支配層がデマを流しました。

③原子力発電所
　放射性物質のウランやプルトニウムを燃やして、発生する蒸気で発電します。発電量は多いです。放射性物質は大変危険であり、燃料や発電所の最終処分技術も出来ていません。ロシアと日本で大きな事故を起こしました。

④風力発電

　地球温暖化問題で実用化が進みました。音がうるさく、転倒すると危ないです。

⑤太陽電池

　地球温暖化問題で実用化が進みました。面積の割には電力が小さく、半導体なので寿命が短いです。

⑥燃料電池

　地球温暖化問題で開発が進みました。爆発の危険のある水素ガスを使用します。

　私の見方では、地球の支配層の中に、火力発電推進派、原子力発電推進派、自然エネルギー推進派がいて、互いに牽制し合っているのではないでしょうか。

⑦フリーエネルギー

　アメリカのテスラが発見した、私達の身の回りから安い電力が得られる技術です。太陽から地球に常時降り注いでいる電磁エネルギーを利用します。地球の支配層が地球人に隠しています。

科学の推進

　地球の支配者は、すでに高度な科学を持っているはずなのに、地球人奴隷に科学研究をやらせています。

近代、大型の科学研究が命令されたのは、兵器、ロケット、人工衛星、半導体、コンピュータ、ロボット、大型加速器、遺伝子工学等があります。

魂だけのレプティリアンが地球人に取り憑きながら、地球と太陽系を支配するため、次のように研究成果を利用するのではないでしょうか。

・地球人をさらに虐殺するために使用する。
・地球人に変わり、人工知能ロボットを奴隷にするために使用する。
・宇宙戦争で破れたときに、太陽系外に逃亡するために使用する。

核戦争後の宇宙人たちの約束

今から1万年以上も前に、地球上のムー大陸とアジア大陸が長期の戦争を行ないました。また、ムー大陸とアトランティス大陸も長期の戦争を行いました。

この2つの戦争はどんどん激しくなり、使用される兵器がより破壊力のある兵器に変わっていきました。そして最後には、これらの3つの大陸国家が核兵器を打ち合ってしまいました。

核戦争の結果、ムー大陸は太平洋に沈み、アトランティス大陸も大西洋に沈み、アジア大陸はかなりの面積が砂漠化しました。そして、地球全体に大洪水が押し寄せ、地球の地軸が傾いてしまいました。

大陸国家を支配していた宇宙人たちは、UFO に乗って月に逃げたり、地球の内部深くにある空洞に避難したと思います。しかし、奴隷の地球人たちの大部分は、この核戦争と地球大異変により、命を落と

したのではないでしょうか。

　核戦争が終わってしばらくして、戦争当事者の宇宙人たちが地球に
集まりました。関係する宇宙人は次の通りです。

＜ムー大陸＞
・アルファードレイコ人
・ドラコニアン（金星人）
・ポラリス人
・シリウスＡ人
・エプシロン人

＜アジア大陸＞
・マルデック人（ノルディック）
・軍人レプティリアンが隠れていた

＜アトランティス大陸＞
・アトラン人
・アンタレス人
・アルデバラン人
・ヘイデス人
・アンドロメダ人
・エプシロン人

　そして、核戦争で地球人に迷惑をかけたことを反省して、もう地球
人に関わるのを止めて、宇宙人たちは地球を退去することにしました。

　ここで、マルデック人から提案がありました。この約束を祈念して、
ムー大陸を代表する宇宙人と、アジア大陸・アトランティス大陸を代

表する宇宙人を掛け合わせ、ハイブリッド人を作りましょう。そして、今後の地球の統治は、そのハイブリッド人に任せましょう。

他の宇宙人たちも同意しました。

そして、コーカサス山脈の地下基地で、ドラコニアンの遺伝子とマルデック人の遺伝子を交配し、ハイブリッド人を作成しました。それが、14家族のブルーブラッド人です。

カジノ開設問題

地球の支配者達が、日本列島に眠っているムー大陸時代の財宝を奪い取ろうとして、カジノの開設を画策しています。

日本政府と日本の役所も騙されて、法律を作ってしまいました。

私は、カジノを含めたリゾート施設の開設を検討しているある市役所の担当部署に、陰謀論の立場から意見を出しました。

その後、日本列島の地下にいるドラコニアンが邪魔をしているらしく、カジノの開設は、いろいろな問題が噴出して、あまり進んでいません。

神奈川県の古代の都について

私の出身地であり、生活圏でもある神奈川県（相模国）は、古代の歴史が不明なため、自分で調査を行いました。その結果、古代の都と国府が隠されていることが分かりました。

見つかった古代の都を図3に示します。藤原京に似た構造を持って

いますが、仮称で横浜京と呼びます。

　横浜京の中央に配置した横浜宮は、現在の東急田園都市線の青葉台駅と藤が丘駅の北側になります。横浜宮の北方向の山には王禅寺を配置し、また、横浜宮の東方向の川岸には羽田飛行場を配置しています。古代の支配者が空から UFO で都を見つけて、舞い降りたものと思います。

　横浜京の北の端である１条は現在の上谷本町、南の端である十条は十日市場町の辺りです。市が尾は１条、みたけ台は３条、長津田は７条、八朔町は８条、十日市場は十条というように、現在の地名に暗号が隠されています。

　現在の環状４号道路が、横浜京の西２防大通に相当します。

　また、図４に示すように、横浜京の南西方向、現在の東名海老名サービスエリア付近には、相模国の国府を造りました。この国府の北方向の山には相模国分寺を配置し、東方向の川岸には厚木飛行場を配置しました。

　さらに、相模国国府の南西方向、現在の平塚市根坂間付近には第２国府があったと思われます。第２国府の北には飯山観音、東には須賀飛行場を配置しました。

　さらにさらに、第２国府の南西方向、大磯町厳島神社付近には第３国府があったと思われます。第３国府の北には日向薬師、東には須賀飛行場を配置しました。

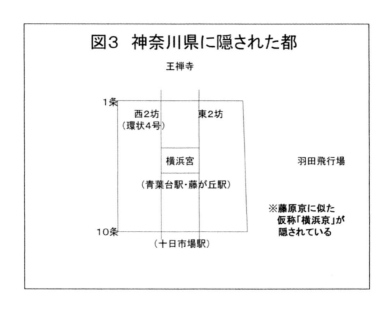

図3　神奈川県に隠された都

王禅寺

1条

西2坊
（環状4号）

東2坊

横浜宮

（青葉台駅・藤が丘駅）

羽田飛行場

※藤原京に似た
　仮称「横浜京」が
　隠されている

10条

（十日市場駅）

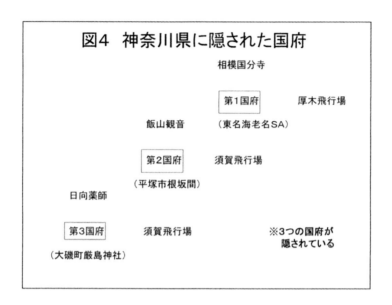

図4　神奈川県に隠された国府

相模国分寺

第1国府　　　厚木飛行場

飯山観音　　（東名海老名SA）

第2国府　　　須賀飛行場

（平塚市根坂間）

日向薬師

第3国府　　　須賀飛行場　　　※3つの国府が
　　　　　　　　　　　　　　　　隠されている

（大磯町厳島神社）

技術の普及

　地球の支配者は、地球人奴隷をさらに効率良く働かせたり、地球人社会からの売上をさらに増やそうとしています。

　そのため、支配者が保有している高度な宇宙人技術の中から、地球の支配に役立つ技術を、少しずつ地球人に教えています。

①支配者が、支配者傘下の国際的大企業に、新しい宇宙技術を教えます。
②この大企業は自分が開発したように見せて、特許を申請します。
③この大企業が、新しい技術を使った新製品を発売します。
④支配者傘下のマスコミが宣伝して、この製品を地球全体に普及させ

63

ます。

⑤最初に開発されたとされる大企業が、製品売上と特許収入で儲かります。

　世界中に普及した製品の大部分が、このような仕組みではないかと思います。地球人独自で開発した製品は、本当は良い製品でも、途中で潰されるでしょう。

　当然、地球支配にマイナスになる技術については、支配者は地球人に隠しています。

・放射線を無害化する技術
・薬なしで病気を治す自然療法の技術
・身の回りから安く電力を得られるフリーエネルギーの技術

凶悪事件と交通事故

　地球の支配者は、毎日、地球人に取り憑いて、様々な事件、事故を起こしています。地球人を虐殺したり、大怪我をさせることが目的です。

　殺人事件での手口は、次のようなものです。

①支配層のレプティリアンが、犯人役になる一般の地球人に取り憑きます。

②取り憑いたレプティリアンが、「○○は悪いから殺さないといけない」と、犯人役の地球人を洗脳します。

③レプティリアンが犯人役に凶器を用意させます。

④レプティリアンの指示で、犯人役が殺人事件を実行します。

⑤裁判中もレプティリアンが取り憑いているため、犯人役が反省することはありません。

　交通事故での手口は、次のようなものです。
①支配層のレプティリアンが、交通事故の加害者役と被害者役に取り憑きます。
②取り憑いたレプティリアンの影響で、加害者役、被害者役とも身体機能が一時停止します。
③その結果、交通事故が起こります。

　自分が交通事故を起こしたときも、事故の瞬間に記憶が飛んで、しばらく身体が動かなくなりました。

教育詐欺

　地球の支配者は、地球人奴隷を洗脳するために、世界中で学校教育を義務付けました。

　我々一般の地球人から見ると、学校教育は偏っていて人材を育てるには不十分で、税金の無駄使いのように見えます。
　ところが、支配者の立場から見ると、学校教育は実に完璧な、宇宙水準の制度なのです。

　そのため、各国の国家予算と人員のかなりの部分を教育に割いても、充分に洗脳の効果があるのです。

　支配者の教育の目的は、立派な地球人を育てることではなく、支配

者の言うことを良く聞く、地球人奴隷を育てることだったのです。

　学校教育を受けた地球人は、左脳だけ働いて、右脳が働かなくなるそうです。

　この教育分野は、学校、教員養成学校、子供のいる家庭を含めて、大掛かりな詐欺の構造になっています。

金融詐欺

　果てしない欲望に突き動かされている、地球の支配者にとって、金融詐欺は重要です。

　私は金融分野は詳しくありませんが、紙幣、債権、信用保証、中央銀行の公定歩合、最近の電子マネー等、皆、詐欺の金融商品だそうです。

　最近の問題は、現金を使わずに、ID カードとコンピュータで決済することが推奨されています。宇宙戦争等の非常時にはコンピュータが使用できないので、いつでも現金を使えるようにした方が良いです。

　ムー大陸が地下基地に保存した金塊が、金融商品の担保になっている、とも言われます。私にはよく分かりません。

建築問題

　地球の支配者は、建築関係でも詐欺を働いています。

　街の道路や建築物を、体に悪い鉄筋コンクリート、合板で造ります。

これは、地球人を病気にさせる作戦です。

　また、個人の住宅を、利息の高い借金をさせて、建てさせます。これにより、支配者は利息で儲けて、借金が返せないときは、現物を抑えて儲かります。

国際的大企業経営者の逮捕と逃亡

　国際的な大手製造企業の経営者が、突然、会社の金を横領したかのような疑いをかけられ、日本で逮捕、起訴されました。これに対して、この経営者は非正規の手段を使って、海外に逃亡してしまいました。

　地下のドラコニアンが指示して、日本を食い物にするレプティリアン側大物工作員を捕まえたが、地球規模のレプティリアン秘密結社ネットワークの反撃にしてやられたように、私には見えます。

古代からの宇宙戦争

　我々地球人には完全に隠されていますが、古代より多くの宇宙人の種族が繁栄して、宇宙のあちこちで勢力争いのための、戦争を行ってきたようです。

　宇宙人が使用する兵器は破壊力が凄まじく、地球上での古代の宇宙戦争でも、核兵器でムー大陸とアトランティス大陸が沈んでしまいました。おそらく、ムー大陸は太平洋を覆うくらい、巨大な大陸であったと思われます。

　太陽系の中に古代に破壊された惑星があると言われていますが、宇宙人の核兵器ならば、惑星を丸ごと爆破することもできるのでしょう。

レプティリアンが戦争好きなことは、現在の支配者を見れば分かります。一方のドラコニアンも正義の味方ですが、非常に攻撃的です。

古代の大陸国家の繁栄

　地球の支配者が地球人に隠していますが、現在から１万年以上前に、この地球上に大変高度な文明が繁栄していました。支配者よる教育では、先史時代として隠されています。

＜ムー大陸＞

　ムー大陸は、西北の端に日本列島、東南の端にイースター島を含む、太平洋の大部分を含む大陸であったと思われます。私は、ムー大陸とレムリア大陸は同じものと思います。

　爬虫類型宇宙人達がアルファードレイコ人をリーダーに、このムー大陸に入植しました。宇宙人と地球人のハイブリッドを作って、王にしました。宗教として自然を崇拝する神道を採用し、地球人を統治しました。

　そして、次のようなムー文明、レムリア文明を繁栄させました。
・宇宙との繋がりは全員平等
・全てのものに魂が宿る
・技術よりも精神を重んじる
　これは、日本の縄文文明、アイヌ人の文明、アメリカインディアンの文明に近いと思います。

　ムー大陸は平和な国家を築いていましたが、時間が経過すると、ア

ジア大陸そしてアトランティス大陸と長い戦争に入りました。

　これらの２大陸に許せないことがあったのでしょうか。

　戦争は次第にエスカレートし、遂に核兵器を打ち合ってしまい、この巨大なムー大陸も太平洋に沈んでしまいました。

＜アジア大陸＞

　当時のアジア大陸には、人間型宇宙人のマルデック人が入植しました。ところが、爬虫類型宇宙人の軍人レプティリアンがマルデック人に付いていたようです。

　アジア大陸は、国内に軍人レプティリアンがいるため、悪魔教に基づいて搾取する軍事国家であったと思います。

　平和国家のムー大陸と、戦争状態になるのも無理はありません。

　核戦争では、アジア大陸は沈まなかったものの、ゴビ、インド、メソポタミアと広範囲に砂漠化してしまいました。

＜アトランティス大陸＞

　アトランティス大陸は、フロリダ・キューバ沖の北大西洋にあったという説と、アルゼンチン沖の南大西洋にあったという説があります。

　人間型宇宙人たちがアトラン人を中心に、このアトランティス大陸に入植しました。

　初めのうちは、平和な国家を築き、アトランティス文明を繁栄させました。

ところが時間が経つと、平和な国が軍事国家に変わってしまったようです。アジア大陸の軍人レプティリアンが、アトランティス大陸にも工作活動を行ったのかもしれません。

そういうことならば、平和国家のムー大陸と長期の戦争を行っても仕方ありません。

核戦争の結果、アトランティス大陸は大西洋に沈んでしまいました。

災害による迫害

自然現象で起きたように見える災害も、地球人の過失で起こしたように見える災害も、じつは地球の支配者が計画的に発生させています。地球人を虐殺する作戦の一つです。

支配者は、宇宙から電磁波兵器等を用いて、意図的に様々な自然災害を作ることができます。

支配者は、また、地球人に取り憑いて、意図的に多様な事故や犯罪を作れます。支配者が取り憑いた地球人が逮捕されても、精神疾患で無罪になることが多いです。

参考図書について

この本を執筆するにあたり、別添の参考図書にある本と雑誌を参考にしました。この陰謀論の分野は、手に取れる文献が少なく、大変参考になりました。

　アイク氏の本を始めて読んでみましたが、宇宙と繋がり、一人で膨大な量の著作を執筆されたことは、驚異的なことです。しかも、レプティリアン本拠地のイギリスで活動されていて、宇宙に守られているお方なのだと思います。

　古代の歴史と陰謀の構造は不明な部分が多いのですが、参考図書の本や雑誌を頼りに、自分なりに陰謀論を整理してみました。

暫定地球政府について

　志のある陰謀論者が集まって、現在のレプティリアン政府の政治家になり、支配者に抵抗する方法も考えられます。ただし、これは非常に困難な道に見えます。レプティリアンの強権と数千年のしがらみで、効果的な動きができるでしょうか。

　そこで私は、反レプティリアンの勢力が決起する機会に、ドラコニアンの後ろ盾を得ながら、革命的に新しい暫定地球政府を設立するのが良いと思います。

　暫定地球政府の中心となる皇室と古神道は、昔から秘儀を執り行います。この秘儀は非常に強力で、味方を守り、敵をくじきます。過去に昭和天皇が霊力を使って、ソ連の最新鋭戦闘機を無傷で確保したとも言われています。

　暫定地球政府の重要な役割は、地球人の皆さんに、地球と宇宙戦争について、正しい情報を分かりやすく伝えることです。これは、陰謀

論者の担当です。

　暫定政府のもう一つの重要な役割は、地球人の皆さんにかけられた洗脳を解くことです。これは、霊能者の担当です。

　そして、地球人の皆さんが宇宙戦争の中で何とか生き残れるように、暫定政府が守ります。

自然療法、東洋医学について

　地球の支配者が地球人奴隷に隠してきた、自然療法、東洋医学について、参考図書の本を参考にして、紹介します。

　これらの医療方法は、地球人の病気を根本的に治してしまい、さらに薬を使わないため安価です。そのため、支配者の医療虐殺システムにとっては、邪魔な存在です。自然療法や東洋医学で使用する機器は、医療機器の認定が取れないことが多いようです。

○水療法・・・生きた飲料水を作って、飲みます。

○塩水療法・・・精製されていない岩塩で塩水を作り、飲んだり、患部に当てます。

○手かざし療法・・・治療士が自分の手を患者の患部にかざします。

○生体共鳴（バイオレゾナンス）・・・波動の周波数を振って体を検査し、ある周波数で病気が見つかれば、同じ周波数を当てて治療しま

す。

○音響療法・・・音の波動を利用します。音楽を流す音響チェア、母親の心臓の音を子供に聞かせる、音叉を叩く、オルゴールを使う、天然石を叩く等の方法があります。

○色彩療法・・・光の波動を利用します。色チップを患部に当てると、病気が治ります。

○香り療法（アロマテラピー）・・・香りも波動を出します。天然香料は生命力を高めます。

○幾何学図形療法・・・図形も波動を出すので、検査や治療に利用できます。

○量子波治療・・・量子波である気エネルギーを用いて治療します。

○自己精神調整法・・・宇宙、大地と繋がり、自分の体のチャクラを活発にして、神経の流れを整えます。

支配者への抵抗運動

　この本を読んで共感していただけたら、地球の支配者に対する、不服従の抵抗運動に協力してほしいと思います。

＜組織でできること＞
・国際機関と各国政府、国際的企業の話を信用しない。

・医薬品やワクチンの製造工程で、毒を入れない。

・食品や飲料、日用品の製造工程で、毒を入れない。

・新聞やテレビでは、本当のことを報道する。

・学校では正しいことを教え、人の評価に偏差値を用いない。

・技術や資金を国際的企業に渡さない。

・原子力発電所を稼働しない。

・自分達の組織の中に、人、資金、技術、ノウハウを蓄積する。

＜個人でできること＞

・予防接種、ワクチンを接種しない。

・異常気象や災害、戦争に備える。

・テレビやインターネットの情報を信用しない。

・無理な借金をして、不動産を買わない。

・インターネットに個人情報を流さない。

・振込詐欺に金を払わない。

・学校の偏差値を気にしない。

・自分の直感を鍛えて、善悪を判断する。

＜日本での運動例＞

・住民基本台帳、マイナンバーカードが普及しない。

・怪しい食品、飲料、日用品、薬は買わない。

・無農薬で、遺伝子組換されていない食品を買う。

・怪しい予防接種やワクチン接種は受けない。

・国民の寿命が長い。

・天災に遭っても、しっかりと助け合う。

・祭りなど古来の伝統文化を守る。

・キリスト教が普及しない。

新型コロナウイルスについて

　最近、発生した新型コロナウイルスは、欧米の支配層にも感染者が
いるため、欧米や中国のレプティリアンが生物兵器として撒いたもの
ではないと思います。もし、レプティリアンが生物兵器を開発したな
らば、自分の支配層にワクチンを打つはずです。

　可能性があるのは、レプティリアン社会の弱点を良く知るドラコニ
アン勢力が開発して、ばら撒いたということです。アジア地域よりも
欧米地域の方が、被害が著しく大きくなっています。握手をする、頻
繁に飲み会を開くといったレプティリアン秘密結社の習慣が、新型コ
ロナウイルスの感染を高めます。

　この生物兵器は、ドラコニアン対レプティリアンの宇宙戦争の前哨
戦なのかもしれません。

　なお、新型コロナウイルスは他の病気と同様に、病院の西洋医学で
は治せません。副作用の強い高価な薬を与えられて、寿命が縮むだけ
です。
　ところが、支配者が宣伝しない東洋医学の波動療法を用いれば、新
型コロナウイルスを初め多くの病気が、薬なしに安価に治ると思いま
す。

生活必需品による迫害

　地球の支配者は、いつでも地球人を虐殺したくてたまりません。

そこで、地球人が生活に必要なものに、内緒で毒を混ぜて、地球人を病気にさせる詐欺を働いています。

＜水＞

政府が用意した水道水には、地域により塩素、ヨウ素、ヒ素等の毒物を混ぜていて、飲水や料理に使うのは危険です。

各家庭で、ろ過器等できれいにする必要があります。業者が山で汲んだミネラルウォーターを使うのも良いです。

＜塩＞

製品の食塩は、海水に溶け込んだ多様の成分から、塩化ナトリウムだけを精製して、地球人の体に悪い製品となっています。

精製されていない岩塩の製品には、塩化ナトリウム以外の成分が含まれていて、体に良いです。

＜食品＞

様々な食品の製品にも、毒が含まれ、健康を害します。

製品の選別、調理の方法を工夫して、毒を少なくする必要があります。例えば、無農薬野菜は体に良いです。

＜石鹸＞

石鹸の製品には、界面活性剤が含まれていて、体に悪いです。

自分で安全な石鹸を作るような、工夫が必要です。

地球人女性への迫害

地球の支配者は、歴史を通じて、膨大な人口の地球人を虐殺してき

ました。しかし、なぜか地球人女性に対しては、特別に厳しく迫害を続けています。

世界中の国で、歴史的に地球人の男性の方が女性よりも身分が高くなっています。さらに欧米諸国が支配する国では、魔女狩りと称して、一般の地球人女性が虐殺されて来ました。

支配者は、地球人女性が持っているある遺伝子を抹殺するために、魔女狩りを行っているそうです。支配者のレプティリアン社会は女系なので、悪魔教では女神を崇めているそうです。もしかすると、レプティリアンの女王が毛嫌いしている、女性遺伝子があるのかもしれません。

自分の女性の家族も、支配者から高所から落とされる攻撃を受けました。

地球人とは

古代に、爬虫類型宇宙人と人間型宇宙人たちは、地球上の類人猿や原人に遺伝子操作を繰り返して、奴隷に適した地球人を創造しました。

宇宙人たちは、地球人の遺伝子をかなり切断して、能力と寿命を制限しました。将来、奴隷が進歩して支配者に反乱することを恐れたそうです。

地球人の構造には、肉体、意識、幽体（エーテル体）、霊体（アストラル体）があるようです。肉体とオーラと呼んでも良いかもしれません。一般の地球人にはオーラは見えませんが、霊能者には見えるそ

うです。

　また、地球人が死ぬと肉体は滅びますが、意識、幽体や霊体はずっと宇宙で生き続けるようです。地球人の女性が妊娠したときに、宇宙から来た意識が体内に入れば、意識と体を持った地球人が誕生します。

地球人の虐殺

　地球の支配者は悪魔主義者であるので、地球人奴隷の虐殺を趣味にしています。

　支配者が使う虐殺の方法として、次のようなものがあります。
・自然災害を発生させて、地球人を殺す。
・疫病を発生させて、地球人を殺す。
・戦争を起こして、地球人を殺す。
・事件や事故を起こして、地球人を殺す。
・病院で薬を与えて、地球人を殺す。
・宗教上の魔女狩りとして、地球人女性を殺す。
・秘密結社の悪魔教の儀式の生贄として、地球人子供を殺す。

　アイク氏によると、ヨーロッパのキリスト教カタリ派は、地球の秘密を知っていたために、宗教上の理由と称して、虐殺されました。

　また、最近ではイギリス王室のダイアナ妃は、パリの地下道で、悪魔教の儀式の生贄として暗殺されたそうです。

地球人への搾取

　地球の支配者は、奴隷の地球人社会に対して、様々な仕掛けを施し、

取れるだけのものを搾取するという方針で、この地球という植民地を運営しています。

　このようなことがまかり通るのは、地球中の政府や団体を支配していることと、地球人一人ひとりを充分に洗脳させているためです。

　地球の支配層には、連日、膨大な利益が入り、何千年間もスーパーリッチであり続ける訳です。

地球人への取り憑き
　宇宙人が地球を支配するために、地球人に取り憑くという手段が行われています。

・支配層のブルーブラッド人はレプティリアンの遺伝子を持っているので、異次元から呼び寄せたレプティリアンの魂が、ブルーブラッド人に取り憑くそうです。これにより、レプティリアンがブルーブラッド人をコントロールして、地球を統治しているようです。

・奴隷の地球人にレプティリアンの遺伝子を組み込むと、異次元から来たレプティリアンの魂が取り憑いて、コントロールされると言われています。

・自分の経験では、レプティリアンの遺伝子を持たない一般の地球人も、レプティリアンが取り憑いて、コントロールされます。自分の家族がそうなったのを目撃しました。

・レプティリアンが取り憑いた地球人は、変なことを言い、目玉がくるくる回って、医師が診ると精神疾患と診断します。

地球に住む宇宙人と地球人の変遷

　数百万年前〜数十万年前、爬虫類型宇宙人と人間型宇宙人が太陽系に侵入し、地球に到達しました。彼らは地球上に繁殖していた類人猿や原人に遺伝子操作を行い、進化した地球人奴隷を創造しました。

　爬虫類型宇宙人のレプティリアンは人間型宇宙人と共同で、アジア大陸と大西洋にあったアトランティス大陸を中心に、地球の西半球を領有しました。そして、レプティリアンと地球人のハイブリッドを王にして、秘密結社と宗教団体を設立し、地球人奴隷を統治しました。

　爬虫類型宇宙人のドラコニアンは他の爬虫類型宇宙人と共同で、太平洋にあったムー大陸を中心に、地球の東半球を領有しました。こちらも、ドラコニアンと地球人のハイブリッドを王にして、秘密結社と宗教団体を設立し、一般の地球人を統治しました。

　初めのうちは、ドラコニアンの国とレプティリアンの国は良好な関係でしたが、時間が経つとやがて対立するようになり、遂に両者は戦争状態に入りました。そして、約１万年前に遂に核兵器が使われ、２つの大陸は沈んでしまいました。同時に地球規模の大洪水等の大異変が発生してしまいました。

　この大戦争と大異変の後、爬虫類型宇宙人と人間型宇宙人が集まって反省し、これ以上地球人に関わらないようにしようと約束しました。

そこで、ドラコニアンは約束通りに、日本列島の地下深くに潜ったり、他の惑星に移住しました。

　一方のレプティリアンはこの約束を破り、狡猾な方法で地球の地上の大部分を占領してしまいました。そして、地球人を脅して搾取する植民地経営を始めました。

　最近、地球のレプティリアンの横暴を見かねたドラコニアン勢力が、宇宙から太陽系の縁に集まっているようです。そして、地球の支配者レプティリアンに対して、地球の明け渡しを要求しているようです。

東京を守る神社

　京都を守っている神社の代表と言えば、上賀茂神社と下鴨神社です。地下にはドラコニアン系秘密結社の八咫烏があるとも言われています。

　一方、東京を守っている神社を探してみたところ、さいたま市大宮区の氷川神社と、東京都葛飾区の五方山熊野神社が相応しいと思います。近くに鴨川、鴨川を支流とする荒川が流れているので、京都と似ています。

　自分もこの2社にお参りに行ったところ、早速、ある市へのカジノ開設を検討していた業者が撤退を表明し、ご利益がありました。

ドラコニアンが統治する国々

　現在は、ドラコニアンが支配する国は少数となっています。

古代の核戦争の後、ブルーブラッド人の天皇家が日本列島を統治しました。ドラコニアンは約束を果たすため、日本列島の地下深くに潜りました。それでも、ドラコニアン系の秘密結社と神社が維持され、日本の国と人々を支えています。

　ところが、古代には中国大陸からレプティリアン系の唐が侵入しましたが、新しい勢力はドラコニアンの社会に溶け込んでいきました。中世にはレプティリアン系イエズス会が日本に工作活動しましたが、失敗しました。近世には、イギリスが明治維新の工作活動を行い、日本にレプティリアンの制度や文化を取り入れさせましたが、ドラコニアンの抵抗により、日本を完全に支配することができませんでした。

　第二次世界大戦後はアメリカが日本列島を完全に占領して、傀儡政府を作りました。CIAとアメリカ軍から成る進駐軍は、日本の完全支配を目指して、工作活動を行いました。表向きは、日本社会がレプティリアンの政策に染まり、一般の人々が骨抜きになったように見えます。しかし、おそらくドラコニアンが地下から支えて、多くの日本人は政府を信用せず、伝統文化を守っています。

　日本列島の隣の朝鮮半島は、レプティリアンから日本を守る上で、最も重要な地域です。現在は、韓国はレプティリアンが支配し、北朝鮮はドラコニアンが支配して対峙しています。北朝鮮の指導者はドラコニアンによって作られた王室です。ドラコニアンにとって理想的な遺伝子をもつ者が王室、皇室に入れます。

　中国大陸も、日本を守る上で重要な地域ですが、現在の中国はレプティリアンが支配する最も強権的な国です。しかし、満州地域、モン

ゴル地域、チベット地域の少数民族はドラコニアンが支援していると思われます。

　台湾、フィリピン、ブルネイ、マレーシア、インドネシアの島々も、日本を守る上で重要な地域ですが、台湾とフィリピンはレプティリアンが支配し、ブルネイとインドネシアはドラコニアンが支配していると思われます。

　イランは以前はレプティリアンの国でしたが、革命により、ドラコニアン系の指導者が統治する国に変わりました。これは、レプティリアンの大将であるイスラエルに対抗する戦略です。

日本の天皇の生前譲位

　いよいよ宇宙戦争が始まるとなると、日本の天皇が高齢を理由に生前退位して、皇太子に位を譲ったことは正解です。日本列島地下のドラコニアンから、秘密結社を通じて皇室にお話があるのでしょう。

　ところで、新しい天皇の元号が令和になりましたが、元号の頭文字がRである点が、支配者のレプティリアン、ロスチャイルド、ロックフェラーの影響力を感じます。

爬虫類型宇宙人による地球人への精神支配

　爬虫類型宇宙人は、自分たちが奴隷として創造した地球人に対して、精神的に支配しています。

　アイク氏によると、現在、地球を支配しているレプティリアンは、

土星の輪を利用して地球人を洗脳するデータを放送し、中継基地の月でそのデータを増幅して、地球へ送信しているようです。我々地球人は毎日そのデータを浴びて、視覚、聴覚、触覚、嗅覚と味覚を感じているとのことです。

さらに、支配者レプティリアンが極端な悪魔主義に走っているため、この洗脳させるデータの内容が、地球人がもっと不幸になるように、もっと虐待されるようにと、低周波数の放送になっているようです。

ここまで宇宙規模の設備で、地球人に高度な洗脳を行うとは驚きです。

もし、今度の宇宙戦争でドラコニアンがレプティリアンを太陽系から追い出したとしたら、レプティリアンが構築した「土星の輪〜月〜地球」の地球人洗脳システムはどうなるでしょうか。ドラコニアンが悪魔のシステムを破壊する可能性はあります。

また、ドラコニアンも爬虫類型宇宙人の一派なので、このシステムは残して自分のために活用することも考えられます。ドラコニアンはレプティリアンより地球人に同情的です。ドラコニアンがこのシステムを使うときは、地球人への洗脳の度合いを弱め、地球人への被害はずっと少なくなると思います。

秘密結社とは

秘密結社はその存在が地球人に隠されているため、本当の実態はわかりません。参考図書を参考に、簡単にまとめてみます。

宇宙人が地球に侵入して、地球人奴隷を作り、植民地を運営します。

この植民地を経営する団体が、秘密結社と思われます。

　ドラコニアンの植民地の場合は、ドラコニアンと地球人のハイブリッドを王にして、神道を宗教にして、地球人社会を統治します。八咫烏などの秘密結社を作り、植民地を経営します。一番上位にある秘密結社のメンバーは、ドラコニアンをリーダーに、皇室代表、神社代表、その他のドラコニアンと地球人のハイブリッドと予想します。

　レプティリアンの植民地の場合は、レプティリアンと地球人のハイブリッドを王にして、悪魔教を宗教にして、地球人社会を統治します。イルミナティ等の秘密結社を作り、植民地を経営します。一番上位にある秘密結社のメンバーは、レプティリアンをリーダーに、ブルーブラッド人、王室代表、悪魔教代表、その他のレプティリアンと地球人のハイブリッドと予想します。

フリーエネルギーについて
　フリーエネルギーは、支配者が地球人に隠蔽している技術です。
　フリーエネルギーについて調べるため、次のインターネットホームページを参考にしました。
　A.T.著　「フリーエネルギー技術開発の特徴と種々相」

　フリーエネルギーは、太陽から地球に常時、降り注いでいる微粒子の電磁エネルギーです。アメリカのテスラが、この縦波のフリーエネルギーを最初に発見して、利用することに成功しました。
　フリーエネルギー装置では、フリーエネルギーを獲得する条件に入ると、その場が冷えるとともに、100％を著しく超える効率で、電力

を発生したり、負荷を動作できます。また、この超高効率のエネルギーを、非常に遠方まで伝送することができます。

　恐らく、その場が冷えたさらに後で、その場の重力が軽くなって、UFO の推進原理に利用できるのではと予想されます。

　テスラの後、アメリカではスミス氏がテスラ技術の再現に成功しました。

　また、コーカサス山脈に近いグルジアのカパナーツェ氏が、テスラ技術を再現して、大出力の発電機を作製しました。コーカサス山脈には宇宙人の地下基地があると言われていますので、宇宙人の影響を感じます。

　なお、このホームページには、日本の井手氏がフリーエネルギー装置の開発に成功したことが、紹介されています。

　自分もフリーエネルギー電気回路から簡単なものを選んで、入手できる部品で試作してみました。

法律による支配
　地球の支配者は、法律体系を作り出して、地球人社会の支配を強化しました。

　また、毎年のように法律を変更して、あらゆる法人、個人にその対応を義務付けました。支配者傘下の経営コンサルタントは儲かります。

　また、あらゆる法人に会計監査を義務付けて、支配者傘下の会計事務所も儲かります。

マスコミの支配

　地球の支配者にとって、マスコミの支配は非常に重要です。地球人を日々、洗脳する道具だからです。

　マスコミ業界の会社は、株主はブルーブラッド人、経営者に秘密結社のメンバーを派遣しているのではないでしょうか。

　秘密結社からの命令は、会社の判断に優先するそうです。会社でこのように報道したいと決めても、支配者の一声で修正されます。

　マスコミの伝達手段も、新聞、ラジオ、テレビから、最近はインターネットが普及しています。初めの頃、支配者はインターネットを嫌っていたそうですが、現在では充分にインターネットを支配下に置いたように見えます。

歴史隠蔽

　地球の支配者は、奴隷の地球人に対して、本当の歴史を隠し通しています。これは、支配者にとって極めて重要なことです。

　過去においては、歴史に意義を唱えた地球人が、数多く虐殺されたり、逮捕されました。

　現在でも一般の人が変なことを言ったら、マスコミから非科学的と言われるか、無視されます。

もちろん、本書のような陰謀論は、支配者にとっていけない分野です。

レプティリアン英国の日本侵入

　地球の支配者は、日本にいるレプティリアン唐進駐軍が天皇家と共存しているのが気に入らず、日本に侵入して完全支配する計画を立てていました。

　江戸時代末期に、イギリスの秘密結社が大物工作員を西日本に侵入させ、薩摩藩と長州藩を中心に、大掛かりな工作活動を行ないました。

　京都御所と江戸幕府もイギリスの工作崩しを必死に行ないます。恐らく、イギリスの方が一枚上だったと思います。

　ある時、山口県東部の地下の秘密基地で、レプティリアンが取り憑いたイギリス工作員と、徳川幕府を影で支えている唐進駐軍、地下のドラコニアンと連絡が取れる秘密結社が話し合いました。

　その結果、次のように合意したと思われます。
①天皇家は、京都御所を閉めて、江戸城に皇居を開く。
②唐進駐軍は、徳川幕府を閉める。
③イギリス秘密結社は、東京に日本政府を開く。
④天皇家の東京皇統は、遺伝子をドラコニアンと唐進駐軍レプティリアンのハイブリッドにする。
⑤日本政府の指導者は、遺伝子を日本人とイギリスレプティリアンのハイブリッドにする。

　イギリスの狙いは、東京皇統と日本政府にレプティリアンが取り憑いて、傀儡政権にすることです。日本政府は、発足後は新しい技術や制度を取り入れるため、イギリスの言うことを聞いていました。

　しかし時間が経つと、日本は中国大陸に独自戦略で進出して、イギリスを含めた欧米と対立するようになりました。日本政府はイギリスの傀儡になりませんでした。

　日本政府は、日本列島地下のドラコニアンからの指示を聞いていて、欧米から日本を守るための緩衝地帯として、中国大陸と南方諸島に進出したのです。

レプティリアンが統治する国々

　世界中の大部分の国々は、現在はレプティリアンが支配しています。

　レプティリアンの国々の中でも、リーダー格の国は強権的で、領土、資産、資源、利権、技術、軍事力、物流網、販売網、情報網を独り占めしています。

　レプティリアンが地球を統治する中心地は、最初はメソポタミアで、ローマ、イギリスへと移動していきました。

　古代のアジアでは、ペルシャ、インド、中国が強国でした。

　ヨーロッパ諸国では、レプティリアンが王室を作り、スペイン、ポルトガル、オランダ、イギリス、フランス、ドイツ、ロシアが強権的でした。

　ヨーロッパの次にアメリカが建国され、覇権主義として、世界中を席巻し、日本列島も占領します。

アイク氏によると、レプティリアンの国々で、現在、一番力がある
のは、ロスチャイルドが建国したイスラエルということです。周辺の
サウジアラビア等の産油国、ＩＳ等のテロ組織とは本当は仲間であり、
対立している振りをしているだけです。

　中国は、古代から唐を代表としてレプティリアンが支配しており、
最近の中国共産党支配でも、強権的で覇権主義の国を実現しています。
最近の中国とアメリカは対立する振りをしていますが、本当は仲間で
す。

　日本は、表向きは、政府、役所、大企業、学校、マスコミ、アメリ
カ進駐軍を通じて、レプティリアンに支配されています。ところが、
日本の裏社会からはドラコニアンが影響を与えています。

　レプティリアンの共通の目的は、日本列島の地下深くにいるドラコ
ニアンを倒すことです。

レプティリアン唐の日本侵入

　私が前著作で考察しましたが、レプティリアンが中国大陸に建国し
た唐が、日本列島に侵攻したのは、本当だと思います。唐は、ブルー
ブラッド 13 家族のうちの 1 家族が指揮していると思います。地球の
支配者の間で、日本の天皇家を倒すことが目標になっていたようです。

　唐の進駐軍は、悪魔教の道教の寺院を伴い、九州に上陸して、藤原
京の天皇家との戦いに勝ったと思います。そして、唐進駐軍は平城京
を作って日本人に仏教を布教し、そのまま日本の統治を始めました。

　戦いに破れた天皇家は、東国の横浜京（仮称）に逃げて、再起を図ったと思います。

　唐進駐軍は東国を攻撃しますが、攻め切れずに、戦況は膠着状態になったと思います。

　おそらく、唐進駐軍の司令官に取り憑いているレプティリアンと、日本列島地下のドラコニアンが交渉し、次のように合意したと思います。

　①唐進駐軍は、平城京を閉めて、鎌倉幕府を開く。

　②天皇家は、横浜京を閉めて、平安京を開く。

　③鎌倉幕府と平安京が、全国で二重行政を行う。

　一般的には、実行支配している西国を唐進駐軍が治め、東国を天皇家が治める、分割統治が合理的と思います。このように東西に入れ替わる国替えを行ない、全国を二重に統治するのは不思議な話です。

　想像してみると、レプティリアンに欲と野望があり、ムー大陸時代の財宝が日本の東北地方に眠っていると考えたかもしれません。

　その後、唐進駐軍は幕府を京都に移して、南北朝問題で天皇家と再び対立を深めます。この対立もまた克服したら、幕府を江戸へと移して、天皇家との二重行政を続けます。

　この唐の進駐軍は、幕府の裏でずっと姿を隠して、表に姿を表さないので、ブルーブラッド人のように見えます。

レプティリアン米国の日本侵入

　第二次世界大戦では、日本がイギリス、アメリカのレプティリアン大国に戦線布告してしまいました。戦争の初期のうちは、日本がアジア大陸と南方諸島で快進撃を続けました。しかし、やがてアメリカが反撃に転じ、戦争の後期では、日本の都市への大規模空爆と原爆投下で、日本は降伏しました。

　日本降伏の後、アメリカより CIA とアメリカ軍から成る進駐軍が日本列島に侵入し、占拠しました。遂に、ドラコニアンの本拠地の日本を倒しました。

　明治維新のときにイギリスが日本を傀儡にできなかった反省を踏まえ、第二次世界大戦後は、アメリカが日本を徹底的に洗脳する作戦を、次のように行ないました。

・日本政府に、アメリカの言うことを聞かせる。
・日本政府が反発すると、政治家を暗殺したり、飛行機事故を起こす。
・日本のマスコミに、アメリカの言うことを聞かせる。
・アメリカ軍の日本駐留が長期化する。
・欧米諸国、国際機関に協力させる。
・朝鮮半島、中国、ロシアとは対立させる。
・学校教育を欧米化して、偏差値を導入する。
・体に悪い鉄筋コンクリートで、街や家を作る。
・子供に毒入りのワクチンを注射する。
・病院で患者に副作用の強い薬を飲ませ、早死させる。
・毒物を食品、飲料、日用品に混ぜる。

・長期の借金で不動産を購入させ、高い利息を取る。
・国民に識別番号を付けて、管理する。
・アメリカから高額の兵器を買わせる。
・アメリカから体に悪い農製品を買わせる。
・アメリカから盗聴の危険のある情報機器を買わせる。

　この作戦は効果を上げていて、日本の政府とマスコミは完全にアメリカの操り人形になっています。日本の地下にいるドラコニアンはどうしようも無いのでしょうか。
　また、私たち日本人も第二次世界大戦前と比べると、かなり洗脳されて欧米化されました。しかし、攻撃にさらされても日本人の平均寿命は長寿ですし、日本古来の伝統文化はまだ残されています。

おわりに

　本書を最後までお読みいただき、ありがとうございます。陰謀論に慣れておられない方、支配者に強く洗脳されている方には、理解していただくことが大変難しいと思います。でも、時間が経てば、皆さんに理解してもらえる日が、必ず来ます。

　本書の趣旨にご賛同いただける方には、地球と地球人のために、是非行動して欲しいと思います。私のような陰謀論者は極少数派ですので、一般の皆様方のお力がとても重要です。皆さんで一緒に、支配者の言うことを聞かないようにしましょう。

　オカルト分野にご理解いただき、本書を出版していただきました、22世紀アートの関係者の皆様に感謝します。また、オカルト分野の書籍を取り扱っておられる、書店の関係者にも感謝します。

参考図書

「地球の危機！世界を支配する陰謀の正体」栗原幸男著　2018年　たま出版

「日本人はドラコニアン　YAP－遺伝子直系！だから超削減させられる」高山長房著　2012年　ヒカルランド

「日本が分割統治される人類最終戦争が始まりました」　田村珠芳著　2015年　徳間書店

「地球外生命体が人類を創造した！」　上部一馬著　2019年　ビジネス社

「竹内文書でわかった太古の地球共通文化は縄文 JAPAN だった」高坂和導著　2017年　ヒカルランド

「正統竹内文書の謎古神道の秘儀と後南朝」　竹内睦泰著　2013年　学研

「地球の支配者は爬虫類人的異星人である」　太田龍著　2007年　成甲書房

「マトリックスの子供たち上現実は覚めることのない夢」　デーヴィッド・アイク著　2019年　ヒカルランド

「ムーンマトリックス①ユダヤという創作・発明」　デーヴィッド・アイク著　2019年　ヒカルランド

「ムーンマトリックス⑤人類の完全支配の完成」　デーヴィッド・アイク著　2019年　ヒカルランド

「今知っておくべき重大なはかりごと①これまで決して語られなかった全て」　デーヴィッド・アイク著　2019年　ヒカルランド

「今知っておくべき重大なはかりごと③あなたを呪縛から自由にす

る全て」　デーヴィッド・アイク著　2020 年　ヒカルランド

「世界を動かす国際秘密力の研究」　ベンジャミン・フルフォード、グリス・ノース共著　2018 年　ヒカルランド

「金融ワンワールド地球経済の管理者たち」　落合莞爾著　2012 年　成甲書房

「日本の黒幕天皇の金塊」　高橋五郎著　2016 年　学研プラス

「魔王、死す！Ｄ・ロックフェラーの死で激変する世界勢力図」　船瀬俊介著　2018 年　ビジネス社

「世界に広がる波動医学近未来医療の最前線」　船瀬俊介著　2019 年　共栄書房

「なぜ塩と水だけであらゆる病気が癒え、若返るのか!?」　ユージェル・アイデミール著　2017 年　ヒカルランド

「ドイツ発気と波動健康法」　ヴィンフリート・ジモン著　2019 年　イーストプレス

「Dr.ドルフィンの地球人革命」　松久正著　2012 年　ナチュラルスピリット

月刊誌「ムー」　学研プラス

【著者紹介】

栗原幸男（くりはら・ゆきお）

1961 年　神奈川県生まれ

1984 年　神奈川県工業試験所勤務を経て現在、

（地独）神奈川県立産業技術総合研究所勤務

地球が危ない！
知らないでは済まない陰謀論
―新型コロナウイルスにも裏があります

2023年3月24日発行　　　　著　者　栗原幸男

発行者　向田翔一

発行所　株式会社 22 世紀アート
　　　　〒103-0007
　　　　東京都中央区日本橋浜町 3-23-1-5F
　　　　電話　03-5941-9774
　　　　Email: info@22art.net　ホームページ: www.22art.net

発売元　株式会社日興企画
　　　　〒104-0032
　　　　東京都中央区八丁堀 4-11-10 第 2SS ビル 6F
　　　　電話　03-6262-8127
　　　　Email: support@nikko-kikaku.com
　　　　ホームページ: https://nikko-kikaku.com/

印刷
製本　　株式会社 PUBFUN

ISBN : 978-4-88877-159-7